BEI GRIN MACHT SICH
WISSEN BEZAHLT

- Wir veröffentlichen Ihre Hausarbeit,
  Bachelor- und Masterarbeit

- Ihr eigenes eBook und Buch -
  weltweit in allen wichtigen Shops

- Verdienen Sie an jedem Verkauf

Jetzt bei www.GRIN.com hochladen
und kostenlos publizieren

Jörg Johannes Lechner

Identität und Differenz: Zum Menschenbild und zur Pädagogik Theodor Ballauffs

GRIN Verlag

Bibliografische Information der Deutschen Nationalbibliothek:

Die Deutsche Bibliothek verzeichnet diese Publikation in der Deutschen National-
bibliografie; detaillierte bibliografische Daten sind im Internet über http://dnb.d-
nb.de/ abrufbar.

Impressum:

Copyright © 2013 GRIN Verlag GmbH
Druck und Bindung: Books on Demand GmbH, Norderstedt Germany
ISBN: 978-3-656-50404-7

Dieses Buch bei GRIN:

http://www.grin.com/de/e-book/233060/identitaet-und-differenz-zum-menschenbild-
und-zur-paedagogik-theodor-ballauffs

GRIN - Your knowledge has value

Der GRIN Verlag publiziert seit 1998 wissenschaftliche Arbeiten von Studenten, Hochschullehrern und anderen Akademikern als eBook und gedrucktes Buch. Die Verlagswebsite www.grin.com ist die ideale Plattform zur Veröffentlichung von Hausarbeiten, Abschlussarbeiten, wissenschaftlichen Aufsätzen, Dissertationen und Fachbüchern.

Dr. Jörg Johannes Lechner

Identität und Differenz:
Zum Menschenbild und zur Pädagogik Theodor Ballauffs

1. Ballauffs pädagogisches System

2. Ballauffs philosophische Begründung der Pädagogik

2.1 Ballauffs philosophische Begründung

2.2. «Dasein»und «Sorge» bei Ballauff

2.3. «Sein zum Tode» bei Ballauff

2.4 Die Bedeutung der Zeit bei Ballauff

3. Literatur

1. Ballauffs pädagogisches System

Theodor Ballauffs Werk zeichnet sich ganz anders als die seelenanatomische Arbeit Bollnows durch einen ausgeprägten Hang zur Abstraktion und zum System aus. Dahinter scheint sich eine tiefe Skepsis gegen alle konkret-leibliche Daseinsrealität zu verbergen, zumal gegen jeden Versuch, daraus noch ein Wesen des Menschen hervorgehen zu lassen. Das zeigt sich bereits deutlich am trockenen Kalkül seiner «Systematischen Pädagogik», das sich aus einem kaum überschaubaren Gewirr aus «Fundamentalthesen», «prinzipiellen Theoremen», «pädagogischen Maßgaben» und «Maßnahmen» zusammensetzt. Dabei steht aller Aufwand an Begriffen einem vergleichsweise kompakten Anliegen gegenüber. Immer geht es Ballauff darum zu zeigen, welche Wege der pädagogischen Anthropologie nach Heidegger noch offen stehen, oder kurz, zu sagen, wie denn der Mensch sich zum «Hirten des Seins» wandeln könne. Ballauff geht zu diesem Zweck statt von den Stimmungen - die den frühen Heidegger beschäftigt hatten - ausdrücklich vom Denken aus, das er als Platzhalter für die verlorene Menschlichkeit einsetzt:

"Dieses Denken ist also gar nicht eines Menschen Eigentum, vielmehr macht es durch sein Ereignis diesen zu einem denkenden Wesen, zu einem Menschen."[1]

Gemeint ist also hier nicht ein Be-denken innerweltlicher Zusammenhänge, sondern jene fundamentale Erfahrung, die das Dasein als solches, und d. h. als «Entschlossenheit» erschließt. Allerdings: im alltäglichen Leben ist das Denken nicht schon vor es selbst gebracht, es erfährt sich im Gegenteil immer schon *"in der pathetischen Eingenommenheit von Welt"*,[2] es ist immer schon *"bei der Sache"* und verliert sich an sie. Die erste Forderung, die Ballauff daher an den Menschen qua Denken stellt, ist die nach einer Asketik des Denkens, dies aber

"nicht im Sinne der Übung, sondern der Enthaltung und Befreiung von Intention und Aktion, von dem Aus-Sein auf etwas und dem Behandeln von etwas zu einem intendierten Zweck. Das «Bei-der-Sache-Sein» wandelt sich zu ihrer Erschlossenheit als Gedanke."[3]

Ballauff variiert hier das antike Modell der Erziehung als «periagogé»,[4] indem er die Läuterung eines vor-eingenommenen Denkens zu einem bewusst offenständigen Verhalten als Richtziel der Erziehung deklariert. Daraus leitet er die zentrale Verpflichtung zur «selbstlosen Verantwortung der Wahrheit» ab, die die zehnte Fundamentalthese einfordert:

---

[1] T. Ballauff, Systematische Pädagogik, Heidelberg 1970, S. 57
[2] A.a.O., S. 14
[3] Ebd.
[4] Vgl. P. Sloterdijk, Nicht gerettet – Versuche nach Heidegger, a.a.O., S. 62: „*Platons Revolution heißt Umdrehung oder Herumführung der Seele – griechisch: periagogé. Sie impliziert nichts geringeres als die Gesamtumdrehung der Lebensfahrtrichtung. Wer sich an Platons Höhlengleichnis erinnert, weiß, wie das gemeint ist.*"

"Allem der erhellende und vollbringende Gedanke zu werden in selbstloser Rede, in selbstloser Tat und selbstlosem Werk - das umschreibt Menschlichkeit."[5]

Wir sollten also, um noch eine andere Formulierung aufzugreifen, *"Sprecher, Anwalt und Mittler alles dessen ... sein, was wir nicht sind",[6]* um uns derart als unserer Menschlichkeit würdig zu erweisen. Das Ziel der Pädagogik ist ein selbstloses Denken. „*Bildung ist also selbstlose Bildung im Zeichen eines Anderen, das von sich her Bedeutung hat. Letztlich zeigt sich hier eine Rückkehr zum kosmologsichen Denken eines Anderen als Maßstab der Bildung.*"[7]

Wir kennen dieses Motiv aus dem erzieherischen Werk Bollnows. Und doch hatte der es weder - wie Ballauff - mit dem beschwörenden Pathos des Religionsstifters vorgetragen noch ihm einen systematischen Rang als Axiom der Erziehungswissenschaft zugewiesen. Auch verstand Bollnow seine Kampagne für die «neue Geborgenheit» durchaus als eine Form des ethischen Engagements. Ganz anders dagegen Ballauff, der nicht als Ethiker, sondern als Ontologe der Pädagogik verstanden sein wollte. Aus dem unerschütterlichen Maß des «wesentlichen Denkens» ließen sich - so Ballauff - eben nicht Werte, sondern allein «Maßgaben» ableiten. Unter diesem Titel stellt Ballauff daher auch das konkrete Programm seiner Pädagogik der Selbstlosigkeit vor und gibt darüber hinaus einen Dekalog von zehn «prinzipiellen Theoremen» aus. Dazu zählen - in Schlagworten zusammengefasst - neben der «Sachgemäßheit», verstanden als «Maßgeblichkeit des sachlichen Zusammenhangs»[8], die «Bildsamkeit», die «Angemessenheit», die «Freiheit» und die «Sozialität».

Der Sprachgebrauch erinnert frappant an die Diktion Walter Hammels, der Jahre später wie Ballauff für eine «Pädagogik der Seinsentsprechung» eintrat, der er mit Begriffen wie «Sachlichkeit», «Verantwortung», «Gelassenheit» und «Engagement» ein inhaltliches Profil zu geben suchte. Was darunter zu verstehen ist, verdient aber weder Erläuterung noch Kommentar. Allem Anschein nach ist das Argument, das Heideggers «Brief über den Humanismus» und noch seine Altersrede über die «Gelassenheit» ihre Überzeugungskraft gegeben hatte, im Gebrauch seiner späten Anhängerschaft zur Schablone altbekannter Reizwörter verkommen.Theodor Ballauff inspirierte es immerhin noch zu einer «Asketik des Denkens», die durch ihre Einfachheit und Konsequenz besticht, und in der Tat wird man ihm konzedieren müssen, dass eine sich verbreitende Kultur der «Selbstlosigkeit» und «Gelassenheit» sich als wirksamstes Serum gegen einen sinn-los gewordenen Zivilisationsbetrieb erweisen könnte. Nur wird man gegen die Arrogation eines a-moralischen Ethos der «Sachgemäßheit» berechtigte Einwände anzumelden haben. Was Ballauff etwa als Auftrag der «sachlichen Freigabe» definiert, fällt hinter den aufklärerischen Anspruch radikaler Ideologiekritik

[5] T. Ballauff, Systematische Pädagogik, a.a.O., S. 14
[6] A.a.O., S. 12
[7] W. Lippitz, Bildung und Alterität, Lexikon der Erziehungswissenschaft
[8] T. Ballauff, Systematische Pädagogik, a.a.O., S. 91

zurück und bleibt notwendig illusionär:

"Ein jedes als es selbst zu denken, es freizugeben in seine unversehrte Anwesenheit - diese Formulierungen umschreiben den Anspruch, ein jedes ohne Teleologie und Theologie, ohne Ideologie und Analogie zu bedenken."[9]

Einen solchen Anspruch kurzerhand am Altar der Ideologiekritik zu opfern, wäre freilich selbst Indiz eines bornierten Skeptizismus. Jedenfalls wäre eine Pädagogik, die ihre mystischen Wurzeln in revolutionäres Kapital umzumünzen verstände, gut beraten, Ballauffs Theorem der «sachlichen Freigabe»[10] den Status einer regulativen Idee einzuräumen. Diese müsste aber dann mit der je gestimmten Lebenswirklichkeit in ihrer soziokulturellen und entwicklungspsychologischen Komplexität konfrontiert werden, um zu verhindern, dass im Namen einer neuen Sachlichkeit das alte Objektivitätsideal der Theorie und Praxis der Erziehung erneut seine Ordnung aufnötigte.

Dass diese Gefahr besteht, lässt schon die Ersetzung der Rede vom In-der-Welt-Sein durch jene vom ontologischen Vorrang des Denkens vermuten. Denn von hier aus führt kein Weg an dem Schluss vorbei, nur der Erwachsene könne wirklich Mensch sein, insofern auch nur der Erwachsene erfahren könne, *"was es heißt: zu sein, nämlich in selbständig ermessendem Denken in der Welt Dingen, Wesen und Mitmenschen zu ihrer Wahrheit zu verhelfen."*[11]

So aber wird das Kindesalter verharmlost und entwertet, weil die anthropologische Entscheidung für das Denken undialektisch und einseitig zum Gründungsakt einer Bildungstheorie gemacht wird, die - gewollt oder ungewollt - rationalistisch gerät. Indessen immunisiert sich das Denken gegen jede Kritik, die die besondere Dignität seines asketischen Charakters ignoriert.

Die «Pädagogik der selbstlosen Verantwortung der Wahrheit» erscheint so nicht als Antithese zu einer Pädagogik der Lernmaximierung, sondern auch als möglicher Rechtfertigungsgrund einer selbstgewählten Elite. Denn woher, wenn nicht aus dem selbstischen Vorurteil, kann der Gebildete wissen, dass er schon dem «logos» der Seinswahrheit angehört? Mit Fragen dieser Art hätte sich eine ursprungsphilosophische Pädagogik ernsthaft auseinander zusetzen, ehe sie rechtens den Titel einer kritischen Erziehungswissenschaft beanspruchen könnte.

---

[9] A.a.O., S. 97
[10] Ebd.
[11] A.a.O., S. 61

2. Ballauffs philosophische Begründung der Pädagogik

2.1 Ballauffs philosophische Begründung

Ballauff bezeichnet den Menschen in Analogie zur Existenzphilosophie Martin Heideggers als ein «Seiendes». Der Bildungsgang spielt sich „*als Bezugnahme von Seiendem auf Seiendes*"[12] ab. Bildung ist – so Ballauff- „*Reflexivität des Selbstgewinns*"[13]. In der Bildung geht es also „*um den Menschen in seiner Menschlichkeit.*"[14]

Diese Beschreibung von Bildung als einer Selbstsuche des Menschen heißt, „*dass es jedem um sich selbst geht, um sich als individuell Seiendes.*"[15]

Die Frage - welche sich hier mit Notwendigkeit stellt - ist, ob diese überlieferte Bildungslehre tatsächlich das eigentliche Wesen des Menschlichen charakterisiert. Ballauff leitet seine Kritik mit folgender Frage ein:

„*Sollte nicht darin gerade eine Verkehrung des Menschlichen liegen?*"[16]

Ballauff kritisiert diese „*falsche Selbstbezogenheit und Selbstbefangenheit der Bildung*".[17] Es stellt sich die Frage, wie er eine solche „*falsche Selbstbezogenheit und Selbstbefangenheit*" zu überwinden versucht. Damit haben wir eine zentrale Aufgabe der Pädagogik gewonnen, denn die erste Aufgabe der Pädagogik ist - so Ballauff- die traditionelle Ideologie zunächst einmal zu hinterfragen bzw. in Frage zu stellen.[18]

„*Pädagogik muss sich als Theorie grundlegen, indem sie diese ihre traditionelle Fundamentalideologie erst einmal in Frage stellt.*"[19]

Der Mensch hat also nicht die Aufgabe, sich ein Sein anzueignen („*Stoff zur eigenen Bildung*"),[20] sondern der Mensch hat die Aufgabe, dieses Sein anderen Menschen, anderen Dingen zukommen zu lassen. Darin liegt seine Chance und Herausforderung ebenso wie seine Verantwortung. Bildung ist demnach die Basis für eine dem Menschen zugrundeliegende Chance, Beziehungen nicht als Möglichkeit seiner Selbst, sondern als selbstvergessene Hingabe an andere und anderes aufzubauen.

---

[12]   Ebd.
[13]   Ebd.
[14]   A.a.O., S. 10
[15]   A.a.O., S. 11
[16]   Ebd.
[17]   Vgl. O.F. Bollnow, Ein neuer Ansatz zur systematischen Pädagogik. In: Zeitschrift für Pädagogik, Jahrgang 10, Heft 6, Dezember 1964, S. 565
[18]   T. Ballauff, Systematische Pädagogik, a.a.O., S. 12
[19]   Ebd.
[20]   Ebd.

„Die schwierigste Aufgabe der Erziehung wird es sein, zum selbstlosen Handeln anzuleiten, dass sich doch seiner Verantwortlichkeit nicht entzieht. "[21]

Bildung ist damit aber «Verhältnis» selbst.

Diese Kennzeichnung - der noch in der Aristotelischen Tradition stehenden Bildungslehre -, die als eine Verkehrung des Menschlichen zu charakterisieren ist, bildet für Ballauff die Basis für eine entschiedene Ablehnung dieser Auffassung.

Für ihn hat der Mensch nicht die Aufgabe, sein „Selbst" aufzuspüren, *„sondern er ist er selbst, wenn er sich dem Denken und der Wahrheit zugehören lässt. "*[22] Der Mensch ist wesenhaft dadurch ausgezeichnet, dass Wahrheit ihn *„in die Selbstlosigkeit ... und zum Anwalt des Seins von Sachen, Wesen und Mitmenschen erhebt."*[23]

Ballauff kritisiert damit jeden menschlichen Solipsismus, indem er auf das blickt, was «vorgängiger» ist als der Mensch selbst.

Der Ballauffsche Bildungsbegriff basiert auf dem Fundament eines *„Glaubens an die Erwerbbarkeit und Verfügbarkeit der Bildung durch Erziehung, Unterricht, Lehre".*[24] Bildung ist damit *„Leistung der eigenen Menschlichkeit".*[25]

Dieser *„Glaube an die Erreichbarkeit und Verfügbarkeit der Bildung durch Erziehung, Unterricht und Lehre"* beschreibt Ballauff als eine Auffassung von Erziehung, die bestimmt ist durch ein Tun *„in der Weise des handwerklichen Hervorbringens".*[26] Damit aber steht Ballauff in der Tradition und Nachfolge Martin Heideggers, wie auch Bollnow selbst festhält.[27]

«Selbstvergessene Hingabe» als zentraler Habitus verlangt Ballauff in seinem vierten Postulat:

„Erziehe stets so, dass der Zögling ganz bei der Sache ist, es dabei aber niemals um die Sache als Bestand und Besitz geht, sondern um Sachlichkeit, d. h. um das Belassen der Sache in dem Wesentlichen, dem sie gehört und durch das sie als sie selbst anwest. "[28]

---

[21] A.a.O., S. 134
[22] A.a.O., S. 13
[23] Ebd.
[24] Ebd.
[25] Ebd.
[26] Vgl. O.F. Bollnow, Ein neuer Ansatz zur systematischen Pädagogik, a.a.O., S. 564
[27] Ebd.
[28] T. Ballauff, Systematische Pädagogik, a.a.O., S. 92 f.

Sachlichkeit wird damit zu einer pädagogischen Grundhaltung.[29]

Sachlichkeit verlangt eine notwendige Distanz zu einer Sache (Ding, Wesen, Mensch, Geschehnis):

„Das besagt, ein jedes bei ihm selbst sein zu lassen, ihm seinen gehörigen Raum zu lassen, niemandem zu nahe zu treten. Das ist nur möglich durch die Einsicht in das Sein des anderen und der Sache, um die es geht. ... Distanz und Respekt wahrt man nur, wenn man alles ins rechte Verhältnis zu bringen und in ihm zu belassen weiß."[30]

Damit verbunden ist eine weitere pädagogische Grundhaltung, welche von Ballauff in seinem «prinzipiellem Theorem: Sozialität» thematisiert wird:

"Die Maßgabe der Sozialität meint pädagogisch aber vor allem die gedankliche Erhellung all dieser Bezüge als mitmenschlicher und die eigene Thematisierung der Mitmenschlichkeit in ihren großen Ausgestaltungen, der Liebe und der Freundschaft, der gegenseitigen Hilfe und schließlich der Gemeinsamkeit in der Politik. Das Verhältnis der Mitmenschlichkeit muss man als Liebe verstehen, wenn es sich um das Miteinander von Eltern und Kindern, Erzieher und Zögling handelt."[31]

Damit wird z. B. die Schule – Ballauff nimmt hier Bezug auf Comenius – zu *„einer Übungsstätte der Humanität"*.[32]

Menschlichkeit[33] besteht in einer *„selbstlosen Verantwortung der Wahrheit"*[34] gegenüber. Damit tritt der Mensch in der Menschlichkeit *„aus dem Kreis der Lebewesen heraus und erreicht eine unvergleichliche Position."*[35]

Für Ballauff liegt demnach der tiefe Sinn einer jeden Pädagogik in einer *„erwünschten Sachlichkeit und Mitmenschlichkeit."*[36]

Die Autonomie des Denkens liegt für ihn nicht *„in der Bestimmung seiner selbst als Wille"*, denn dies würde ja wiederum einen Solipsismus verkünden. Er erkennt und betont – in Anlehnung an Heidegger – dass die Autonomie des Denkens *„in der Vorgängigkeit und Unverfügbarkeit seiner erschließenden, Einsicht gewährenden, aber ebenso sich dem Menschen vorenthaltenden*

[29]   O.F. Bollnow, Ein neuer Ansatz zur systematischen Pädagogik, a.a.O., S. 565
[30]   T. Ballauff, Systematische Pädagogik, a.a.O., S. 118
[31]   A.a.O., S. 134 f.
[32]   A.a.O., S. 147
[33]   Vgl. T. Ballauff, Philosophische Begründungen der Pädagogik, Berlin 1966, S. 209
[34]   A.a.O., S. 99
[35]   Ebd.
[36]   A.a.O., S. 93

Transzendentalität" gründet. Der Mensch ist wesenhaft ontologisches Dasein.

Dasein wird verstanden als ein «In-der-Welt-sein». Dasein ist dadurch ontisch ausgezeichnet, dass es in diesem Seienden in seinem Sein um dieses Sein selbst geht. In seinem Wesen durch die individuelle Existenz bestimmt, ist sein *„geworfener Entwurf ... auf dem Grunde seiner Existenzbestimmtheit"* Seinsverständnis im Horizont der Zeit - Heidegger spricht in diesem Zusammenhang auch von einem «In-der-Zeit-Sein»[37] - deren Explikation die Zeitlichkeit als das Grundgeschehen des ursprünglichen Ganzen des Daseins und somit als Seinsinn der Sorge enthüllt.[38]

„Der Terminus «In-der-Welt-sein» nennt nicht einfach den allbekannten Sachverhalt des «Bewusstseins». Seiner selbst und der Dinge kann sich der Mensch erst bewusst sein auf Grund jenes In-der-Welt-Seins, denn er wird sich all dessen in der Welt bewusst, nicht aber werden bloße Umstände, Zustände und Widerstände bewusst. Es ist gerade die Frage, wieweit sich ein Mensch des In-der-Welt-Seins bewusst wird, wieweit er überhaupt darum weiß und vielmehr nicht darum weiß, so dass ihm dieses «Sein» verborgen bleibt. Wenn wir also nach der Menschlichkeit fragen, so müssen wir von jenem In-der-Welt Sein ausgehen, das erst den Menschen als ein seiner selbst bewusstes Wesen möglich macht."[39]

„Zweierlei steckt in jenem In-der-Welt sein. Einmal findet sich von ihm her der Mensch als in der Welt seiend. Er findet und befindet sich schon immer bei Seiendem in der Welt. Ebenso versteht er, dass er in der Welt zu sein hat, also nicht nur die Gabe zu sein, sondern auch diese als Aufgabe übernehmen muss. In-der-Welt-Sein umschließt dieses Da-Sein, nämlich die Offenkundigkeit, in Welt sich zu befinden an einem Ort, an einem Platz, der jeweils mein Ort im Ganzen ist, unvertretbar und unvertauschbar, und in eins damit auch die Eröffnung, für dieses In-sein aufkommen zu müssen. Wäre nicht «Sein» in dieser Weise erschlossen, kein Wesen wäre je auf den Gedanken gekommen, über ein tierisches Vegetieren hinauszugehen. Ja, ein Mensch wäre nie geboren. Menschlichkeit ist dadurch gekennzeichnet, sich selbst ereignen und bewahren zu müssen. Dem Unmenschlichen bleiben Sein und Zeit verschlossen."[40]

Dasein als In-der-Welt-sein und In-der-Zeit-sein meint allerdings inhaltlich nichts anderes als den Ballauffschen Begriff der «Mitwelt»,[41] denn das Sein *„alles dessen, was ans Licht der Welt tritt, liegt gerade in der Zeitlichkeit beschlossen. ... Zeitlichkeit muss daher als das unveränderliche «Ist» alles*

---

[37] M. Heidegger, Die Frage nach dem Ding, Tübingen 1975, S. 180 ff.
[38] verwiesen sei auf meine Publikation "Der Mensch und die Freiheit". In: J.-J. Lechner/J. Mägdefrau (Hrsg.), Partial-Holismus in der Sozialen Arbeit, Oberried 1998, S. 65-96
[39] T. Ballauff, Philosophische Begründungen der Pädagogik, a.a.O., S. 208
[40] Ebd.
[41] T. Ballauff, Systematische Pädagogik, a.a.O., S. 133

Seienden gedacht werden".[42] Dieser Begriff der Mitwelt lässt sich auf Heidegger selbst zurückführen.

Dieser führt aus, dass *„das eigene Dasein ebenso wie das Mitdasein Anderer zunächst und zumeist aus der umweltlich besorgten Mitwelt begegnet".*[43]

Dieser Begriff der Mitwelt, des Mitdaseins bzw. Mitseins *„erweist sich als eigene Seinsart von innerweltlich begegnendem Seienden".*[44]

„...Das vorgängig sich erschlossene In-der-Welt-Sein hat nicht solipsistischen Charakter; die Welt ist immer unsere Welt. Das Mitsein mit anderen, die ebenso ihr Insein zu leben haben, ist dem Insein miterschlossen, gleichgültig ob andere hier und jetzt anwesend sind oder nicht. In-der-Welt-Sein ermöglicht das Mitsein gleichursprünglich mit dem Selbstsein als dem sich selbst eigenen Insein."[45]

Dieses Mitdasein wird für Heidegger und Ballauff zu einem *„existenzialen Konstituens des In-der Welt-seins".*[46] Dasein als In-derWelt-sein ist *„je schon mit Anderen".*[47][48] D.h. aber auch, dass das Mitsein nicht erst durch den Akt der Einfühlung konstituiert wird, *„sondern ist auf dessen Grunde erst möglich und durch die vorherrschenden defizienten Modi des Mitseins in ihrer Unumgänglichkeit motiviert".*[49]

„Es zeigt sich, dass alle Daseinsäußerung in der mitmenschlichen Welt sich vollzieht ihn bestimmten, aus der gemeinsamen Welt der Natur und Kultur vorgezeichneten Gestalten: Gestalten der Objektivität, die uns in der Mitwelt der Anderen zu dem machen, was wir sind, als was wir für sie existieren. ... Die Einfügung in diese Gestalten ... machen ebenso wesenhaft Wert und Würde des Menschen aus, - ja sie sind für den in der Alltäglichkeit begegnenden Andern überhaupt erst der Ort, an dem wir für ihn „existent" werden. Wer seinem Kinde nicht Vater ist, seinem Schüler nicht Lehrer, seinem Nachbarn nicht Nachbar ist, der ist für diesen als solcher nicht da. ... der wahre Stand, die Stelle, der Ort, an dem wir im alltäglichen und durchschnittlichen Miteinandersein für Andere und damit zugleich im Raume der menschlichen Ordnung existent werden, ist die unserem Selbstsein im In-der-Welt-Sein zuwachsende Teilhabe am Welt-sein."[50]

Auch Heideggers Begriff vom Sein als «Sein zum Tode» findet sich bei Ballauff wieder.

---

[42]   A.a.O., S. 158
[43]   M. Heidegger, Sein und Zeit, a.a.O., S. 125
[44]   Ebd.
[45]   T. Ballauff, Philosophische Begründungen der Pädagogik, a.a.O., S. 210
[46]   M. Heidegger, Sein und Zeit, a.a.O., S. 125
[47]   Ebd.
[48]   T. Ballauff, Philosophische Begründungen der Pädagogik, a.a.O., S. 208
[49]   M. Heidegger, Sein und Zeit, a.a.O., S. 125
[50]   W. Maihofer, Vom Sinn der menschlichen Ordnung, Frankfurt a. M. 1956, S. 47 ff.

Hierzu schreibt W. Lippitz:

„Im letztlich unvertretbaren „Sein zum Tode" erfährt das Dasein seine eigentliche existentielle Tiefe, die es sich nicht im positiven Sinn eines transzendentalen Heilsversprechen entschließen kann."[51]

Dieses Sein zum Tode – d. h. der Tod als Ende des Daseins[52] - verstanden als *„eigentliches Sein zum Tode"*[53] bedeutet eine *„existenzielle Möglichkeit des Daseins"*[54], der Tod wird verstanden als *„eigenste Möglichkeit des Daseins"*[55].

„So gehört auch der Tod ins Da-Sein hinein. Er bedeutet nicht bloß das Zu-Ende-Sein des Da-Seins, sondern so wie das Insein sein Noch-nicht ist, das Seinkönnen schon in sein jeweiliges Insein einbezogen hat, so muss es auch zu seinem Ende sich Vorwecksein und es ins Da-Sein übernommen haben. Insein umschließt solches Vorwegsein zum Tod als zu seiner eigensten, unbezüglichen, gewissen und als solcher unbestimmten, Unüberholbahren Möglichkeit."[56]

Diesem Tod kann der Mensch nicht ausweichen, sondern er ist Inhalt seines existenzialen Entwurfs.[57] Dennoch wird dieses Sein zum Tode nur verstanden als eine ontologische Möglichkeit, denn *„dieses existenzial mögliche Sein zum Tode bleibt eine phantastische Zumutung."*[58] Ballauff spricht in diesem Zusammenhang von einem *„Ausgeliefertsein an ein völlig gedankliches Dunkel."*[59] Er erkennt ein *„pädagogisches Problem des Todes"*, indem er zwei aus erziehungswissenschaftlicher Sicht relevante Fragen aufwirft:

1. Gibt es eine Vorbereitung auf das Sterben und den Tod, die schon in der Erziehung maßgeblich werden oder in den Sinn von Bildung mit eingehen können?
2. Ist die Frage nach dem Jenseits des Todes für Erziehung und Bildung irrelevant?[60]

Von diesen beiden Fragen ausgehend erkennt er, dass eine bloße Kenntnisnahme der Faktizität des Todes in der Erziehung allein nicht ausreicht![61] *„Die Erkenntnis des Sterbenmüssens sollte vielmehr ebenso in die Endlichkeit unseres Lebens einweisen wie das Gewicht jedes Tages und jeder Stunde erschließen. Sie sollte nicht nur zur entschlossenen Übernahme dieser Endlichkeit führen, sondern*

[51] W. Lippitz, Bildung und Alterität, Lexikon der Erziehungswissenschaft
[52] M. Heidegger, Sein und Zeit, a.a.O., S. 258
[53] im Gegensatz zum alltäglichen Sein zum Tode ; vgl. a.a.O., S. 255 ff.
[54] A.a.O., S. 260
[55] A.a.O., S. 263
[56] T. Ballauff, Philosophische Begründungen der Pädagogik, a.a.O., S. 213
[57] M. Heidegger, Sein und Zeit, a.a.O., S. 260
[58] A.a.O., S. 266
[59] T. Ballauff, Systematische Pädagogik, a.a.O., S. 163
[60] A.a.O., S. 162
[61] A.a.O., S. 163

auch erfahren lassen, was es heißt: zu sein und nicht zu sein." Hier also findet sich das Heideggersche „*Sein als Sein zum Tode*" wieder.

Darüber hinaus führt Heidegger aus, dass das Sein zum Tode in der Sorge selbst gründet.[62] Heidegger spricht auch von einem „*Grübeln über den Tod*".[63]

2.2 «Dasein»und «Sorge» bei Ballauff

Die Angst enthüllt nach Ballauff- in Analogie zu Heidegger - den Menschen als ein Wesen, welches es um sich selbst geht, als Wesen, das sich auf seine Möglichkeiten entwirft, als Sein, das um sein Seinkönnen besorgt ist.

"*In der Angst ängstigen wir uns vor dem In-der-Welt-Sein um eben dieses. Und nur deshalb fürchten wir uns vor diesem oder jenem als dem möglichen Entzug und der Gefährdung des Inseins. Angst meint nicht ein Gefühl unter anderen, sondern die Erschlossenheit unseres In-der-Welt-Seins, in seiner Gewährung und Gewähr, aber auch in Gefährdung und Entzug. Nur auf dem Grund solcher Angst wird alle Geborgenheit offenkundig.*"[64]

In diesem sich auf Möglichkeiten, auf sein Seinkönnen Entwerfen liegt das Wesentliche des menschlichen Seins. Es ist nach Heidegger und Ballauff gerade dieses Existieren, welches das menschliche Leben radikal vom tierischen unterscheidet.[65] Im Sich-Entwerfen auf seine Möglichkeiten liegt die Freiheit des Menschen beschlossen: Der Mensch kann seine eigenste, ihm gehörige Möglichkeit, seine tiefste Daseinsverwirklichung ergreifen, oder er kann sie auch willentlich verfehlen. In beiden Fällen hat der Mensch frei gewählt. Indem er sich entschließt, sein Leben echt, im eigentlichen Sinne zu leben oder indem er sich der Herrschaft der Masse, des Man unterwirft, sein eigenes Leben also verfehlt - auf jeden Fall hat er frei gewählt.[66]

Doch wählt der Mensch innerhalb des Tatsächlichen, der Faktizität seiner Existenz? Er wählt im Umkreis einer ihm schon gegebenen Umwelt und Mitwelt. Der Mensch ist in diese Umwelt und Mitwelt «geworfen», wie Heidegger es formuliert. Als ein Geworfener entwirft sich der Mensch also auf seine Möglichkeiten.

Ballauff setzt hier am Heideggerschen Begriff der «Geworfenheit» an. Zur Geworfenheit des Menschen gehört z.B., dass er an einem bestimmten Ort, zu einer bestimmten Zeit lebt, also alles das, was ohne seinen Willen seine tatsächlichen Verhältnisse ausmacht. Die Situation, in die der Mensch

---

[62] M. Heidegger, Sein und Zeit, a.a.O., S. 259
[63] A.a.O., S. 261
[64] T. Ballauff, Philosophische Begründungen der Pädagogik, a.a.O., S. 211 f.
[65] A.a.O., S. 207, 208
[66] A.a.O., S. 210

geworfen ist, ist schicksalhafte Notwendigkeit, an der sich nichts ändern lässt.

"So sind wir da, d. h. in der erschlossenen Welt an unserem Ort und in unserem Stand, indem wir zunächst und zumeist bei der besorgten Welt sind und im Besorgen von Seiendem aufgehen."[67]

Was bedeutet das Sichentwerfen auf sein Seinkönnen im Hinblick auf diesen Begriff der «Geworfenheit»?

Das Sichentwerfen auf sein Seinkönnen bedeutet die freie Wahl des Menschen innerhalb seiner Geworfenheit. Der Mensch kann sich innerhalb der Grenzen seiner Geworfenheit, seines Schicksals selber wählen, dann lebt er echt und eigentlich. Oder er kann die Herrschaft des «Man» wählen, dann wird er auf sein eigentliches, echtes Dasein verzichten.[68]

"... So jedoch wird Insein sich selbst entfremdet. Denn sein eigenes Seinkönnen, nämlich aus der Erschlossenheit je selbst in der Welt zu sein, nicht aber sich das Selbstsein abnehmen zu lassen, bleibt ihm fremd. Das Insein verfängt sich in sich selbst, sofern es zwar ein eigenes Worumwillen bleibt, aber die Aufgabe «zu sein» durch die Übernahme eines vorweggenommenen Inseins löst. Dieses vorgegebene Sein erscheint vom Man aus als Angebot von Aufstieg, Chance, Erfolg."[69]

Das Sich-Entwerfen auf sein Seinkönnen, um das es dem Dasein wesentlich geht, bedeutet eine Gerichtetheit des menschlichen Lebens auf die Zukunft. Das Dasein bezieht sich demnach immer auf etwas Zukünftiges, es ist zeitlich. In dieser Ausrichtung des Daseins auf die Zeit, die Zukunft, auf sein zukünftiges Sein, liegt nach Ballauff das tiefste Kennzeichen des Daseins.[70]

Das Dasein sorgt sich - anders gesagt - um etwas, nämlich um sein zukünftiges Seinkönnen. In dieser Sorge um sich selbst, seine zukünftigen Möglichkeiten,[71] seine Selbstverwirklichung, erblickt Heidegger das Wesentliche des Daseins. Das Wesen oder das Sein des Daseins ist folglich nach Ballauff die «Sorge». Im Begriff Sorge wird das Sich-Entwerfen des Daseins, das Zeitliche des Daseins, das Ausgerichtetsein auf das Zukünftige erfasst. Der Begriff Sorge enthält und umfasst aber auch, dass es dem Dasein um sich selber geht, und dass es in der Welt geworfen ist. Das Dasein als «Sorge» zu kennzeichnen bedeutet demnach, nicht nur einen Teil des Daseins, sondern das Ganze des Daseins erfassen.

"Die Sorgestruktur des Alltags schlägt um in die Sorge um das Sein in jeden Seienden, das damit

---

[67]   A.a.O., S. 211

[68]   Ballauff verkündet - in Analogie zu Heidegger - als sein Ideal den nur auf sich gestellten, sich selber wählenden und findenden einzelnen, der sich aus der Verstrickung in das Man gelöst hat.

[69]   A.a.O., S. 211

[70]   A.a.O., S. 216

[71]   A.a.O., S. 209

dem Denkenden zur Aufgabe gemacht wird."[72]

Wenn Ballauff das Dasein als Sorge kennzeichnet,[73] so hat hierbei der Ausdruck «Sorge» den Doppelsinn von cura= Hingabe und Besorgnis. Sorge bedeutet jedes Sichkümmern um das eigenste Seinkönnen.

Wohlverstanden handelt sich bei Ballauff um das Wesen des «Daseins», das als Sorge gekennzeichnet wird. Nicht das bloße Faktische des «Daseins», das bloß Seiende, sondern sein Wesen, sein innerstes, eigentlichstet Sein wird als Sorge erkannt. Es handelt sich also um einen ontologischen Begriff, der das Wesen, den Sinn des Menschen bezeichnet.

Eine Rückführung des ontologischen Begriffs «Sorge» auf ein ontisches Urelement ist deshalb nicht möglich. Eine solche Erklärung würde das Sein aus dem Seienden erklären. Jede ontisch gemeinte Seinstendenz wie Besorgnis, Daseinssorge, Fürsorge (Sorge für andere) bleibt aus dem Begriff Sorge, sofern er das «Sein» des «Daseins» bezeichnet, ausgeschlossen. Die Sorge lässt sich auch nicht auf besondere Akte oder Triebe (Hang, Drang, Wünschen, Lebenswille, etc.) zurückführen. Es bleibt gleichgültig, ob das «Dasein» ontisch im Sinne der Besorgtheit oder der Sorglosigkeit gedeutet wird. Alle diese Phänomene, wie insbesondere «Besorgen» und «Fürsorge»,[74] wurzeln in der existentialen Grundverfassung des «Daseins» als Sorge. Sorge ist demnach ein existential-ontologisches Apriori des «Daseins».

Ballauff versteht deshalb unter Sorge nicht ständig auftretende Eigenschaften, sondern eine je schon zugrunde liegende Seinsverfassung. Diese macht erst ontologisch möglich, dass dieses Seiende, eben der Mensch, ontisch als cura angesprochen werden kann. Die existenziale Bedingung der Möglichkeit von «Lebenssorge» und «Hingabe» muss in einem ursprünglichen, d. h. ontologischen Sinne als Sorge begriffen werden.[75]

Obwohl Ballauff also davon ausgehen muss - da er direkt an Heidegger anschließt -, dass die Bezeichnung des Wesens des Menschen als Sorge nichts mit der faktischen Lebenssorge zu tun habe, zeigt er auf, dass natürlich ein enger Zusammenhang zwischen beiden besteht.

---

[72] A.a.O., S. 224
[73] A.a.O., S. 211
[74] A.a.O., S. 214; vgl. S. 212
[75] wie dies bereits von Heidegger verdeutlicht wurde (M. Heidegger, Sein und Zeit, a.a.O., S. 199)

2.3 «Sein zum Tode» bei Ballauff

Die Bestimmung des «Daseins» als Sorge ist nach Ballauff ungenügend. Sie erfüllt sozusagen nicht das ganze Wesen des «Daseins», denn das «Daseinsganze» wird erst im Sterben konstituiert. *"Das Vorwegsein zum Tod vereinzelt das Insein. Der Tod ist dem Inseienden, dem Menschen seine unvertretbare, nur von ihm selbst zu bestehende Möglichkeit. Er verweist das Insein in seine Eigentlichkeit. Weil das Vorlaufen in die unüberholbare Möglichkeit alle ihr vorgelagerten Möglichkeiten mit erschließt, liegt in ihr die einzigartige Möglichkeit einer Vorwegnahme des ganzen Da-Seins, d. h. die Möglichkeit das Seinkönnen als ganzes zu übernehmen und damit vor Augen zu haben. Das Sich-Vorwegsein muss also dann die Weise des Vorlaufens annehmen. Mit anderen Worten, dem einzelnen Menschen wird in solchem Vorlaufen das Ausmaß und die Aufgabe des Inseins in Welt klar; diese Einsicht ruft ihn auf, er selbst zu sein, d h. sein Leben in dessen Unwiederbringlichkeit selbst zu verantworten.* "[76]

Das Problem der «Daseinsganzheit» wird deshalb in der «Ontologie des Todes» beantwortet. Auch in der «Ontologie des Todes», die ihrer zentralen Bedeutung gemäß in den «Philosophischen Konsequenzen für einen neuen Ansatz in der Pädagogik»[77] einen breiten Raum einnimmt, treffen wir auf die gleichen Heideggerschen Gedanken, wie wir sie in «Sein und Zeit» finden.

Ballauff geht nämlich davon aus, dass es neben und vor der biologischen und lebensontologischen Seite des Todes eine existenziale Interpretation des Todes gibt. Der existenzial-ontologische Begriff des Todes deckt sich nicht mit dem vulgären, alltäglichen Begriff des Todes und auch nicht mit dem Tod im biologischen Sinn. Der Tod der anderen, der sich im vulgären Begriff des Todes spiegelt, erschließt uns nach Ballauff die Existenzial-Analyse des eigenen Todes nicht. Der eigene, «jemeinige» Tod ist etwas ganz anderes als der Tod eines Mitmenschen. Im Tod geht es um mein eigentliches «Seinkönnen», also um jene tiefere Lebendigkeit, die das eigentliche Dasein oder die Existenz bezeichnet.

"So gehört auch der Tod ins Dasein hinein. Er bedeutet nicht bloß das Zu-Ende-Sein des Da-Seins, sondern so wie das Insein sein Noch-nicht ist, das Seinkönnen schon in sein jeweiliges Insein einbezogen hat, so muss es auch zu seinem Ende sich Vorwegsein und es ins Da-Sein übernommen haben. Insein umschließt solches Vorwegsein zum Tod als zu seiner eigensten, unbezüglichen, gewissen und als solcher unbestimmten, unüberholbaren Möglichkeit. "[78]

Die Unerfahrenheit des eigenen Todes am Tod der anderen drückt Heidegger treffend in dem Satz aus:

[76] T. Ballauff, Philosophische Begründungen der Pädagogik, a.a.O., S. 213
[77] A.a.O., S. 205 ff.
[78] A.a.O., S. 213

"Keiner kann dem anderen sein Sterben abnehmen."[79]

In der Lehre vom «Tod» bestimmt Ballauff das Wesen des Daseins als ein «Sich-vorweg-sein», als ein ständiges Noch-nicht.[80]

Versuchen wir dieses etwas näher zu betrachten:
Der Tod ist etwas Bevorstehendes, eine Möglichkeit, nämlich die des Nicht-mehr-sein-könnens. Er ist noch nicht da. Das Dasein hält sich, existiert immer in dieser Erwartung des Nicht-mehr-sein-könnens. Der Tod ist aber nicht irgendeine Möglichkeit, sondern die letzte, eigentliche Möglichkeit. Über diese äußerste Möglichkeit hinaus gibt es nichts mehr. Der Tod ist sozusagen: unüberholbar.[81] In ihm ist das Dasein völlig auf sich selbst, sein eigenstes Sein-können verwiesen.[82]

Das Dasein existiert in der Erschlossenheit, im «Bewusstsein» des Todes. Es ist Sein zum Tod. Die Befindlichkeit, die dem Dasein dieses Sein zum Tod erschließt, ist die Angst. Das Sein zum Tod ist deshalb wesenhaft Angst.

Die Angst vor dem Tod ist eine Grundbefindlichkeit des Daseins. Sie ist die Erschlossenheit, das tiefe «Wissen» des Daseins, dass es als geworfenes Sein zu seinem Ende existiert.

Das Dasein, welches um das Sterben «weiß», verhält sich, existiert als Sein zum Tod hin; es ist Sein zum Ende, oder Sein zum Tod. Das Sein zum Ende ist nicht zuweilen auftauchende Einstellung, entsteht nicht durch sie, sondern gehört wesenhaft zur Geworfenheit, die sich in der Befindlichkeit (Stimmung) so oder so enthüllt. Die besondere Todesstimmung wäre dann nur die Modifikation einer das Dasein durchlaufenden Angst vor dem Tod.

Es drängt sich uns folgende Frage auf: Wie erscheint dem «verfallenden Dasein», also dem Dasein der Alltäglichkeit - dem Man - der Tod?

Der Tod erscheint ihm als der Tod der anderen. Nicht ich sterbe, sondern «man» stirbt. Der Tod ist etwas, das alle trifft, aber nicht gerade mich. Das Verhalten des alltäglichen Daseins gegenüber dem Tod ist ein «verdeckend-verhüllendes». Es gilt als unschicklich, als taktlos, vom Tod zu sprechen. Man versucht nach außen, den Tod zu verheimlichen, oder ihn gleichgültig als etwas Selbstverständliches, Unabänderliches mitzuteilen.[83]

---

[79] A.a.O., S. 240
[80] Vgl.: „Als Sorge ist das Da-Sein sich vorweg." (A.a.O., S. 214)
[81] Ebd.
[82] Ebd.
[83] Vgl. a.a.O., S. 213

Alle diese ausweichenden und verhüllenden Vorkehrungen, die das «alltägliche Dasein» gegenüber dem Tod trifft, laufen auf eine Flucht vor dem Tod hinaus. Das Man verkehrt deshalb die Angst vor dem Tod in die als Schwäche bezeichnete Furcht vor dem Tod, die ein selbstsicheres Dasein nicht kennen darf.

Diese überlegene Gleichgültigkeit entfremdet das Dasein dem Tod und damit seinem eigensten unbezüglichen Seinkönnen. Doch diese Flucht, selbst wenn sie den Modus der Gleichgültigkeit erreicht hat, beweist nichts anderes, als dass es dem Dasein auch in der Alltäglichkeit stets um den Tod geht. Auch das alltägliche Dasein existiert auf den Tod hin, ist «Sein zum Tod». Das alltägliche Dasein, das den Tod nur verdeckt erlebt, kann als unweigerliches Sein zum Tod bezeichnet werden.

2.4 Die Bedeutung der Zeit bei Ballauff

In der Geschichtlichkeit des «Daseins», die zu den existenzial-ontologischen Fundamentalaussagen über das «Dasein» gehört, wird die Zeit als wesentliches Element des «Daseins» sichtbar.[84] Die Zeit macht es offenbar erst zu dem, was es ist. Bei Ballauff handelt es sich aber nicht um die Wiederholung einer Feststellung, die vor ihm schon oft in der Philosophie gemacht wurde. Sein Zeitbegriff ist ebenfalls existenzialistisch. Es hat mit dem üblichen erkenntnistheoretischen Zeitbegriff zunächst nichts zu tun. Ballauff unterscheidet jenen als nicht ursprünglichen von seinem eigenen «ursprünglichen» Zeitbegriff.

Das «Dasein» ist zeitlich im Sinne der ursprünglichen Zeit will nicht heißen, dass es ein psychisch Vorhandenes ist, das in der Zeit abläuft. Es handelt sich auch nicht darum, dass dieses Seiende in der Zeit vorkommt, sondern Ballauff versteht darunter, dass die Verfassung des «Daseins» und seine Weisen, zu sein, nur möglich sind auf dem Grunde der Zeitlichkeit, abgesehen davon, ob dieses Seiende in der Zeit vorkommt oder nicht. So bedeutet die Sorge, das Sein zum Tod, ein Sein in der Zeit.

"Nur so besagt In-der-Welt-Sein, in der Zeit zu sein. Sorge nennt die Einheit des In-der-Welt-Seins in seiner Zeitlichkeit. Der besorgende Umgang und die Fürsorge gründen in dieser Zeitlichkeit."[85]

Dieser ursprünglichen Zeit, die Ballauff Zeitlichkeit nennt, stellt er die ursprüngliche Zeit gegenüber. In der Seinsweise des Verfallens stoßen wir auf eine Zeitlichkeit des «Daseins», die weder in der Vergangenheit noch in der Zukunft wurzelt, sondern in der Gegenwart lebt. Verfallen ist Flucht aus Anfang und Ende, Vergangenheit und Zukunft in die Gegenwart. Das Verfallen, das «Dasein» in der Alltäglichkeit, im Man, hat also ein ganz bestimmtes Zeitgefühl, eine bestimmte, rein in der Gegenwart wurzelnde Zeitlichkeit. Das «verfallende Dasein» orientiert sich am Vorhandenen und

---

[84]   A.a.O., S. 215
[85]   Ebd.

Zuhandenen, geht im Besorgen auf. Ebenso verfährt es mit der Zeit, oder richtiger gesagt, weil seine Zeitlichkeit eine solche der reinen Gegenwart ist, ist es als verfallendes, «alltägliches Dasein», als Man überhaupt möglich.

"In der uneigentlichen Geschichtlichkeit dagegen ist die ursprüngliche Erstrecktheit des Schicksals verborgen. Unständig als Man-selbst gegenwärtigt das Dasein sein Heute. Gewärtig des nächsten Neuen hat es auch schon das Alte vergessen. Das Man weicht der Wahl aus. Blind für Möglichkeiten vermag es nicht, Gewesenes zu wiederholen, sondern es behält nur und erhält das übriggebliebene Wirkliche des gewesenen Welt-Geschichtlichen, die Überbleibsel und die vorhandene Kunde darüber. In der Gegenwärtigung des Heute verloren, versteht es die Vergangenheit aus der Gegenwart."[86]

Die Zeitlichkeit, die in ihrer Ursprünglichkeit Vergangenheit und Zukunft umfasst, wird hier zur rein flächenhaften Zeit. Das Dasein in der Alltäglichkeit rechnet mit der Zeit, es verbraucht Zeit. So führt das Rechnen mit der Zeit, das verfallend-besorgende Umgehen mit der Zeit, als wenn sie etwas Gegenständliches, etwas Vorhandenes und Zuhandenes wäre, zur Zeitrechnung. Diese Zeit wird die Basis der Ausformung des «vulgären» und «traditionellen Zeitbegriffs».

Hier ist festzuhalten, dass der vulgäre und traditionelle Zeitbegriff einer wesenhaften Zeitigungsart, der ursprünglichen Zeitlichkeit, entspringt. Die Zeitrechnung dagegen stammt aus dem besorgenden Verhalten des «Daseins» zur Zeit, also der Zeitlichkeit des verfallenden Daseins.

---

[86] A.a.O., S. 218

3. Literatur

T. Ballauff, Philosophische Begründungen der Pädagogik, Berlin 1966

T. Ballauff, Systematische Pädagogik, Heidelberg 1970

O.F. Bollnow, Ein neuer Ansatz zur systematischen Pädagogik. In: Zeitschrift für Pädagogik, Jahrgang 10, Heft 6, Dezember 1964

M. Heidegger, Die Frage nach dem Ding, Tübingen 1975

M. Heidegger, Sein und Zeit, Tübingen 1993

J.-J. Lechner/J. Mägdefrau (Hrsg.), Partial-Holismus in der Sozialen Arbeit, Oberried 1998

W. Maihofer, Vom Sinn der menschlichen Ordnung, Frankfurt a. M. 1956

P. Sloterdijk, Nicht gerettet – Versuche nach Heidegger, Frankfurt a. M. 2001